Lk 973.

ORDINOLOGIE.

BESANÇON ET LA RUE MONCEY.

L'HOTEL DU NORD.

ORDINOLOGIE.

BESANÇON ET LA RUE MONCEY.

L'HOTEL DU NORD.

I.

Modèle pris dans la rue Moncey.

Chers lecteurs,

1. Comme l'un des principes de l'ordre est que lorsqu'une chose est reconnue bonne quelque part, il faut l'appliquer partout, j'ai pensé aussitôt que j'ai vu réussir une ferme modèle, qu'il faudrait avoir des casernes, des hôpitaux, des rues, et même des villes modèles.

2. Ce n'est pas que j'entende par-là que ces fermes, ces hôpitaux, ces casernes, ces rues, ces villes, soient déjà des choses parfaites; mais en choisissant les plus avancées dans chaque genre, je voudrais qu'on les déclarât modèles, et qu'à mesure qu'il se fait une découverte qui peut tendre à les perfectionner, ce fût là qu'on en fît les premières applications, et là encore qu'on en suivît avec attention tous les développements.

3. J'ai trouvé que la rue Moncey, à Besançon,

pouvait être considérée comme rue modèle. En effet, cette rue, que le progrès a substituée à un passage infect, et où le gaz prolonge le jour pendant toute la nuit, offre maintenant sur ses deux côtés des trottoirs asphaltés, de belles maisons bien alignées, et trente magasins tellement diversifiés, qu'on y trouverait sans faire un pas au dehors tout ce qu'il faut pour mener la vie la plus confortable.

II.

Ordinologie.

4. Je reviendrai en détail à ma rue modèle dans les n°ˢ 12 à 29 de cet article; et, si je ne le fais pas de suite, c'est qu'il faut que je vous dise d'abord que j'ai à moi tout seul cherché à refaire une science qui embrasse toutes les autres.

5. Quel orgueil! allez-vous dire; mais daignez me lire, je serai le premier à en rabattre les fumées et à vous montrer que rien n'est plus facile et plus simple. Il y a une foule de faits et de découvertes qui appartiennent à tout le monde, et n'appartiennent en propre à personne. Si vous les combinez d'une certaine manière, si vous leur imposez certaines limites, si vous donnez un certain nom à leur réunion, si, surtout vous avez assez de crédit pour attirer sur eux l'attention spéciale d'une certaine classe d'hommes, vous aurez fait une science.

6. Voyez les progrès de la chimie. On l'a confondue pendant des siècles avec cette physique vague et

ambitieuse qui, ne s'arrêtant pas aux détails, s'élançait de prime abord aux systèmes qu'elle croyait devoir régir le monde. Enfin sont venus des hommes qui l'ont limitée à la décomposition et à la recomposition des corps ; ils l'ont isolée et lui ont conservé son nom, mais en le définissant d'une manière positive. Ils l'ont dotée d'instruments mécaniques, propres à lui faire obtenir de grands résultats ; ils lui ont créé une langue analogique, où chaque mot exprime de lui-même sa signification. Alors, et sur leurs pas, se sont élancés dans la carrière une foule de jeunes chimistes. Vos femmes ont eu des parfums délicieux, vos médecins des remèdes puissants, vos peintres de brillantes couleurs ; des ballons se sont élevés dans les airs ; le gaz a éclairé vos rues, et vos chemins de fer, vos bateaux à vapeur ont été, par le mélange d'un métal fusible à un certain degré de chaleur, préservés de la plupart de leurs terribles explosions.

7. Vous conviendrez, je crois, chers lecteurs, que tout cela a été le produit d'une idée d'ordre, celle de limiter, de spécialiser une science. Mais cette idée d'ordre peut s'étendre à tout, et produire partout le même effet. Mais cette idée n'est pas la seule qui appartienne à l'ordre, et si l'on réunit toutes les observations que sa science embrasse, pourquoi ne lui donnerait-on pas un nom ? Pourquoi, sans le chercher dans le grec, que ni moi ni beaucoup d'entre vous ne comprennent, ne l'appellerions-nous pas l'*Ordinologie ?* Pourquoi une classe de savants n'en ferait-elle pas l'objet d'une étude approfondie et qui se perpétuerait dans tout l'avenir ? Pourquoi ne la séparerait-on pas à jamais de la métaphysique, et ne dirait-on pas comme Bacon qui, il y a 300 ans, fit la

science et ne songea pas à la nommer : *Philosophiam non logicam facio*. Je fais de l'ordre, et ne fais point de métaphysique ?

8. A Dieu ne plaise que je veuille déprécier cette foi divine, ces sciences morales et politiques qui, malgré l'incertitude qu'elles ont jetée dans beaucoup d'esprits, malgré les querelles et les erreurs que cette incertitude a causées, ont tant contribué à la civilisation du monde. En les séparant des sciences matérielles, je crois, au contraire, ajouter à leur propre force et à la vénération qu'elles méritent. Il se trouvera toujours assez de points qui les rapprochent des autres sciences, mais elles ne doivent pas exercer sur celle-ci une influence directe et continuelle. L'homme le plus religieux risquerait d'être coupé, s'il exigeait que son coiffeur, au moment où il le rase, songeât à la nature de l'âme et à son immortalité.

9. Isolez donc l'ordinologie, vous verrez qu'elle agit sur les choses par la méthode, sur les hommes par l'organisation ; qu'il y a une mécanique intellectuelle qui, réunissant, comparant, théorisant tous les moyens de méthode inventés ou à inventer, peut donner à l'intelligence de l'homme autant de force que la mécanique matérielle en a ajouté à ses bras ; que, d'un autre côté, rien n'accélère plus le progrès que le concours des hommes substitué, au moins en partie, à la concurrence, et organisé, dirigé, appuyé par les gouvernements ; que, sans s'embarrasser de définitions métaphysiques du bonheur, le bien-être en est, surtout pour la classe la plus nombreuse, un élément essentiel et positif ; que la répartition n'en peut être égale, mais doit être proportionnelle ; et qu'enfin, c'est un principe inhérent à notre ordre social, qu'il faut du pain pour tous, de la brioche

pour les riches, et du biscuit pour les princes.

10. Si vous reconnaissez ces choses pour vraies, chers lecteurs, vous n'entraverez pas trop vos gouvernements, quand ils seront dans une direction favorable au progrès, et eux-mêmes sentiront qu'il se ferait des révolutions, s'ils en prenaient une contraire. Alors, quelque paradoxal que cela puisse vous paraître, vous paierez avec plaisir les impôts, parce que vous saurez que des lois en limitent l'emploi, et que cet emploi n'est qu'un placement avantageux pour vous tous, et par conséquent pour chacun de vous. Alors les Francs-Comtois demanderont à quelque plume plus savante que la mienne, un calcul exact de ce que leur a coûté le canal du Rhône au Rhin, et ils pourront se convaincre que, grâce à la méthode, à l'organisation et au concours, l'avance de quelques millions de capital leur vaut peut-être un milliard de revenu.

11. En approfondissant davantage vos observations, vous trouverez que l'ordre embrasse tout, monte à tout, descend à tout. Il règle l'organisation des armées et la théorie de la pipe, la présidence du conseil des ministres et l'itinéraire des omnibus; vous lui devez la rédaction méthodique de ces codes-Napoléon qui consolident vos fortunes et préviennent des milliers de procès. Vous lui devez encore cette comptabilité en partie double, qui est loin d'avoir atteint tous ses développements, mais qui, appliquée depuis 15 ou 20 ans seulement aux écritures de vos finances, économise, par les abus qu'elle prévient, 15 à 20 millions par année. Maintenant calculez les gains de l'avenir par ceux du présent et du passé, et vous verrez que l'on peut, en généralisant la méthode et l'organisation, augmenter d'une manière presque

indéfinie le bien-être de toutes les classes de la société. En un mot, vous comprendrez qu'au moyen de l'ordre tout doit se perfectionner, tant dans les sommités que dans les détails qui semblent les plus minutieux. C'est pourquoi je reviens à la rue Moncey (1).

III.

Vue commerciale de la rue Moncey.

12. Le moyen d'obtenir de grands résultats de toutes les observations, c'est de les généraliser. Celui qui pourra économiser un franc par an sur la dépense de chacun de nos 300,000 soldats, sans nuire en rien à leur bien être, aura gagné à l'état 300,000 fr. de rente. Celui qui pourrait ajouter un centime au bien-être des 35 millions de Français, aurait créé réellement pour la France 350,000 francs de revenu.

13. Cela deviendra sensible quand on voudra comparer la situation de nos paysans avant 1789 à celle

---

(1) Tout ce que je viens de dire est développé dans les six brochures (A, B, C, D, E, F, H) intitulées : *Considérations sur l'ordre;* Prix : 5 f. et 6 f. par la poste. — A Paris, chez Bertrand, libraire, rue Saint-André-des-Arcs' 58 (Masgana, galerie Odéon, 12); à Metz, Warion, Palais, n° 2. — A Besançon, Bintot, place Saint-Pierre. — Trouverai-je dans la publication de cet ouvrage, dans la protection que m'ont fait espérer des personnes placées au plus haut rang de la société et dans le suffrage que je sollicite dès à présent des académies de Metz et de Besançon, ce point d'appui sans lequel tout levier est inutile ?

où ils sont aujourd'hui. Voyez combien ils ont acquis de jouissances qu'ils ne soupçonnaient même pas. Souvenez-vous des étoffes dont eux et leurs femmes s'habillaient alors, et regardez celles dont il s'habillent aujourd'hui ; demandez au jardinier des environs de Paris s'il aurait jamais, avant 1830, pensé qu'il porterait ses légumes au marché dans une bonne voiture, courant sur un chemin de fer, et, au sortir de là, dans un omnibus bien suspendu.

14. Ne vous étonnez donc pas, chers lecteurs, si je vous dis qu'entrant, par une pluie battante, dans le magasin (1, Moncey) de M. Cornu, j'ai remarqué avec plaisir, au milieu du magasin, un cylindre de fonte percé de huit trous, pour les parapluies de huit acheteurs. Bon, me suis-je dit, mon parapluie ne se perdra pas et ne mouillera pas le plancher. Pourquoi, dans tous les grands magasins, ne se trouve-t-il pas un meuble semblable ?

15. Mes filles venaient acheter des laines pour des ouvrages de tapisserie. Il y a plus de morale qu'on ne pense, dans cette substitution d'un travail agréable aux jeux appelés innocents, qui occupaient autrefois les soirées. Il y a moins de mélange entre les jeunes gens et les demoiselles : nous devenons un peuple sérieux, et qui cherche l'utile, même au milieu des plaisirs. Dans ces soirées, qui se partagent entre le travail et l'examen de beaux albums jetés sur les tables de nos salons, on prépare des cadeaux pour ses amies; on fait mieux, on travaille par ces loteries qui ont remplacé, au profit des pauvres, cette loterie publique autrefois si funeste pour eux; et comme le progrès moral se lie au progrès matériel et marche progressivement d'autant plus vite qu'il est déjà plus avancé, M. Cornu m'a appris qu'une nou-

velle vogue vient de s'établir, et qu'il vend, surtout aux mamans, de grosses aiguilles en bois pour fabriquer des schals communs et divers ouvrages de laine qui se transforment encore en cadeaux ou en bienfaits.

16. Mes filles avaient choisi ; je m'avisai de marchander. Ah ! monsieur, me dit l'honnête négociant, ne savez-vous pas que le prix fixe est une des plus belles inventions de notre siècle ; c'est une capitulation entre le marchand et l'acheteur. Nous calculons le bénéfice qui nous est nécessaire pour solder notre loyer, nos risques, nos frais, et qui doit nous laisser encore quelque chose pour payer notre peine et doter nos filles. Nous ne l'exagérons pas trop, car nous éloignerions les acheteurs; mais ce traité une fois fait entre eux et nous, nous serions de mauvaise foi si nous réduisions nos prix d'une obole.

17. Vous voyagez, ajouta-t-il, et vous éprouvez combien il est commode de payer à la diligence ou à la malle-poste tout le prix de votre voyage ; plus de querelles dans la route, plus de retard pour un ou deux sous que vous demandait le conducteur ou le postillon. Le facteur même qui porte vos effets est taxé, et si, dans les voitures de peu d'importance, si dans nos foires ou dans quelques magasins, on se permet encore le marchandage, vous verrez qu'un jour on l'abolira partout.

18. Je n'avais rien à répondre. Je pris le mémoire et trouvai qu'il montait à 33 fr. 15 c., mais que les 15 c. étaient effacés. Eh quoi ! dis-je à mon tour, vous refusez de réduire quand je le demande, et vous réduisez de vous-même. Pour cela, me dit-il en riant, j'en ai trouvé l'idée dans un écrit assez original (1).

---

(1) Considérations sur l'ordre, broch. F. N⁰ˢ 42 à 49.

L'auteur prétend que nos ministres ont tort de présenter aux cuambres des budgets de 1,185,560,666 f. 66 c., et qu'ils pourraient tout simplement les porter à 1,186 millions. Il calcule que cela épargnerait du temps, par conséquent des commis, et par conséquent de l'argent. Suivant lui, l'heure de travail à raison de 5 f. par jour, terme moyen, vaut environ 70 c., et si les commis de toute nature occupés aux calculs y consument 200 mille heures, cela fait une dépense journalière de 140 mille francs. Il croit qu'on supprimerait un tiers du travail si on retranchait les centimes dans les grands calculs, en les conservant dans les petits, et qu'on gagnerait par-là 466,66 fr. par jour, ce qui fait 17,033,190 f., soit dix-sept millions sur le travail général de chaque année. J'ai adopté ce mode pour mon compte ; j'ai prié mes correspondants de s'y conformer (2); notre travail en est moins pénible, mes registres sont plus nets, et il me les faut moins grands, parce que les colonnes contiennent deux chiffres de moins. Enfin, monsieur, j'ai supprimé ces 15 c, sur votre mémoire et l'ai réduit à 33 f. ; s'il eût été de 33 f. 65, vous m'auriez payé 34 fr. ; et au bout du mois, tout cela donne une compensation de 2 à 3 f., tantôt en plus, tantôt en moins, dont, en vérité, je ne me soucie guère.

19. Je sortis du magasin satisfait de ce j'avais appris, et convaincu que les conversations entre les hommes spéciaux et ceux qui sont portés à généraliser sont un grand moyen de progrès, puisque cha-

---

(2) Je dois dire que cette dernière partie de la conversation est supposée, et je ne veux lier en rien M. Cornu ni ses correspondants ; cependant je crois que, s'ils faisaient ce que j'indique, ils s'en trouveraient mieux.

cun y trouve des idées qu'il ne connaissait pas encore, ou des matériaux d'idées nouvelles. Je déposai mes filles chez leur meilleure amie, qui demeure n° 1, dans un de ces appartements taillés à la parisienne, et qui contiennent, dans le plus petit espace possible, le plus de confortable ou de bien-être possible, et je continuai seul ma revue de la rue Moncey.

20. Je suivis le côté des numéros impairs, moyen admirable de méthode, qui a supprimé la moitié des recherches dans la capitale, et qui s'étend maintenant aux moindres villages, quoiqu'à Strasbourg, on se soit obstiné, je ne sais pourquoi, à suivre l'ancienne méthode.

21. Je passai sans m'arrêter, en admirant toujours la beauté et la propreté des magasins; devant les n°s 3, marchand de châles, 5, armurier, 7, parfumerie et fleurs, 9, salles de ventes publiques, bazar commode et universel, où s'était établi, dans un intérim de ventes, un spectacle de marionnettes, 11, lingerie et modes, et 13, boulangerie.

22. Je remarquai chez le tailleur, n° 15, qu'il avait conservé une inscription en guise d'enseigne. Cette manière de s'annoncer me rappela un progrès du commerce, qui fait gagner en retranchant comme en ajoutant. Il a supprimé presque partout ces enseignes qui contenaient de misérables rébus, ou consistaient dans de mauvaises peintures, gâtées encore par les intempéries de l'air, ou dans de plus mauvaises statues qui nuisaient au jour des fenêtres, et menaçaient le passant de leur chute, comme l'eût fait l'épée de Damoclès. Le Gagne-Petit de notre tailleur, écrit en lettre jaunes sur du blanc, ce qui le fait très bien ressortir, n'a aucun de ces inconvénients; mais à quoi sert-il? J'aime bien mieux ce

grand carton pendu devant la croisée, et qui me donne le tarif général de redingotes et des paletots; j'aime mieux ces petits cartons élégamment taillés, qui, attachés à chaque pièce d'habillement, en expriment le prix exact par un seul chiffre.

23. Je passai devant le pâtissier (n° 17) en pensant qu'un des grands inventeurs de nos jours, c'était le Félix de la capitale, qui avait découvert le petit four, et qui attirait chez lui, à toute heure de la journée, l'appétit toujours renaissant des duchesses et des lorettes. Je trouvai ensuite (n° 19), le perruquier-parfumeur, n° 21, l'opticien, et j'entrai, n° 23, chez la marchande de chocolat, qui n'aurait pas besoin d'être si jolie, puisque son chocolat est excellent. Le n° 25 m'offrit un coutelier, le n° 27 un bottier, le n° 29 un graveur.

24. Au n° 31 est une belle et grande maison, au n° 33, un marchand de tabacs, de vins, de liqueurs, triple tributaire des contributions indirectes. Là, je trouvai à ajouter à la théorie de la pipe une invention nouvelle, les pipes-cigares, qui ont la forme et la couverture des cigares, et dont l'intérieur est un tube conique de porcelaine que l'on remplit de tabac. Je remarquai surtout la manière dont l'inventeur répand sa découverte. Une petite médaille en métal blanchi est donnée aux acheteurs, et leur apprend que l'invention par brevet des pipes-cigares est dévolue à M. Hue, fabricant, 25, faubourg Saint-Martin. Car, chers lecteurs, rien n'est plus important, après l'invention elle-même, que sa publicité; et il faut bien reconnaître que, trop souvent dans le monde, savoir faire vaut mieux que savoir, faire valoir vaut mieux que faire.

25. Enfin, j'arrive au coin de la rue des Granges;

là, sous le nom modeste de pipes, M. Saillard offre toutes les nouveautés les plus piquantes, tous ces cadeaux qu'au jour de l'an, aux fêtes, aux jours de naissance, l'amitié offre à l'amitié. J'y remarque surtout ces boîtes en tôle de Nuremberg, dont le prix varie suivant la beauté des peintures, et dont j'ai placé deux sur ma table de nuit pour déposer le soir, dans l'une mon argent, dans l'autre ce modeste diamant que je détachai du cou de ma Rosalie, lorsque l'affreux choléra l'eût emportée entre mes bras.

26. Fatigué d'observations, je ne parcours plus que d'un œil rapide les numéros pairs de la rue, où l'hôtel du Nord occupe la place de plusieurs magasins. Je laisse là à regret le mercier, n° 24, l'épicier, n° 18, le faïencier, n°s 14 et 12, le papetier, n° 8, l'horloger, n° 6, le bottier et cordonnier pour femmes, n° 4, enfin, au n° 2, un second marchand de schals (oui, mesdames, deux marchands de schals dans une rue de 14 maisons).

27. Pourtant je fais encore ici une remarque : il y a trois magasins à louer ; je voudrais qu'ils complétassent mon assortiment. Il y a un bon médecin au n° 1 ; pourquoi le bon pharmacien, qui occupe presque le coin de la rue des Granges, ne viendrait-il pas occuper le n° 16 de la rue Moncey ? Pourquoi le n° 24 ne serait-il pas consacré à un de ces magasins où, comme à la Flotte anglaise, on réunit tous les ustensiles de bois et de métal qui peuvent contribuer au confortable.

28. J'allais, chers lecteurs, vous parler de la Flotte anglaise ; j'allais la comparer au magasin que M. Spoll tient à Metz, magasin où l'on peut chercher tout ce qu'on n'a pas trouvé ailleurs, dont le propriétaire a trouvé le moyen de gagner près d'un

million qu'on ne songera jamais à lui reprocher. J'allais vous dire qu'à Besançon M. Gaillard fait fabriquer des paillassons, tapis simples et salubres, par les détenus du pénitencier militaire, et que cette institution, créée ou généralisée par M. le maréchal Soult, offre un exemple frappant de ce que peut le travail pour moraliser les détenus.

29. Mais j'entends le docteur Slopp crier à l'oncle Tobie : « Capitaine, votre califourchon vous emporte (1), » et je m'empresse de rentrer dans la rue Moncey, pour en ressortir un moment après.

IV.

Des Églises.

30. En effet, il manque dans cette rue une chose nécessaire et qu'on ne peut pas y placer : c'est une église. Heureusement pour les habitants, ils trouveront à quelques pas d'eux, dans la Grande-Rue, d'un côté Saint-Pierre, et de l'autre Saint-Maurice.

31. Je conduisis mes filles dans la première de ces églises, et je cherchai le moyen de les y faire asseoir ; mais je ne pus, malgré la sainteté du lieu, m'empêcher de remarquer qu'il n'y avait point de bancs où elles pussent se placer sans peine et sans bruit. La loueuse de chaises n'est point là ; je l'attends et je trouve que je n'ai que des pièces d'un franc dans ma poche ; la loueuse n'a point de monnaie ; il faut qu'elle en cherche, et me surcharge ensuite de 18

---

(1) Voir l'inimitable *Tristram Shandy* de Sterne.

gros sous. Que de démarches, que de temps perdu pour la prière !

32. Toutes les églises d'Allemagne, en France celles de Strasbourg et de Metz, sont garnies de bancs; les riches achètent le droit d'en avoir de particuliers, où ils se placent avec leurs familles et leurs amis ; une partie reste ouverte aux passants et à ceux qui n'ont pas de quoi payer la prière. On a, je crois, introduit cette innovation dans les églises nouvellement construites à Paris. Pourquoi ne pas l'introduire partout?

33. Les avantages en seraient grands, les frais peu considérables. On ne peut donner des détails statistiques bien exacts, tant qu'il n'y aura pas une centralisation qui consigne ces détails dans des livres faciles à acheter et à lire. Mais, si la France a 35 millions d'habitants, on peut penser qu'en y comprenant une grande partie des hommes, surtout de ceux qui habitent la campagne, et les femmes et les enfants, depuis 8 à 10 ans, il y en a au moins 6 millions qui assistent aux exercices catholiques, et ils y vont souvent deux fois les dimanches et les jours de fête. Supposez donc 200 stations par an à l'église, ou 1,200 millions pour 6 millions d'individus ; admettez que pour chacun le paiement d'une chaise ou la privation qu'il éprouve en restant debout puisse équivaloir à un sou, c'est 1,200 millions de sous ou 60 millions de rente bien-être que vous aurez créés au profit de la religion et des citoyens.

34. Me dira-t-on que, dans les premiers temps, on a rejeté les bancs dans les églises comme une innovation faite par les protestants, Mais cette prévention s'est éloignée depuis long-temps, et ce qui est catholique à Metz, à Strasbourg, et même à Paris,

ne saurait être hérétique à Marseille. Me dira-t-on qu'on la religion veut être simple, et qu'elle exclut toute distraction qui écarterait de son principal objet. Mais alors pourquoi le faste étalé à Saint-Pierre de Rome? Pourquoi ces tableaux, ces statues, dans nos principales églises? Pourquoi, depuis les basiliques de Paris jusqu'aux chapelles de nos villages, commande-t-on de toutes parts à M. Maréchal, à Metz, ces beaux vitraux peints dont le secret s'était presque entièrement perdu? Me dira-t-on enfin que la religion chrétienne est un culte de privations et de mortifications? Oui, sans doute, quand elles sont utiles à l'humanité. Le monde admire et Dieu récompensera ces missionnaires, qui vont, aux risques de leur vie, répandre dans les pays barbares ou sauvages, le christianisme et la civilisation (1); ces prêtres, ces charitables sœurs, qui s'enferment au milieu des malades, et meurent souvent du mal qu'ils ont voulu soulager. Mais quel gré Dieu et le monde peuvent-ils savoir aux fakirs de l'Inde, qui s'infligent une foule de privations et de douleurs, sans autre but que de satisfaire à leur fanatisme, ou d'exciter celui des autres?

35. J'irais plus loin, chers lecteurs, et je voudrais qu'on pût chauffer les églises, au moins pendant les grands froids de l'hiver (2). Les progrès de l'industrie

---

(1) Je préviens que je ne parle pas ici du docteur Pritchard.

(2) Je vous rappelle ici mes semelles de liège (Broch. F. 91.). Hommes ou dames, mettez-en dans vos bottes, dans vos brodequins, dans vos souliers. Vous n'aurez plus jamais d'humidité ni de froid aux pieds. Fort de mon expérience, je le rappellerai au public, à mes amis,

nous en donnent dès à présent les moyens, et combien alors éviterait-on de rhumes, de rhumatismes et de maladies qui tuent souvent, avant le temps, les hommes les plus pieux et les plus dignes de vivre.

36. Dieu a confié la terre à l'homme comme une ferme à exploiter. Il ne lui demande que de la reconnaissance pour la part qui lui reviendrait des produits, et il nous est permis de penser qu'il croit cette reconnaissance d'autant plus grande, que nous employons plus efficacement, pour notre bien-être et celui de nos semblables, les matériaux et les facultés qu'il nous a donnés.

V.

Hôtel garnis. — L'Hôtel du Nord.

37. L'hôtel du Nord complète la rue Moncey, pour ce qui concerne le confortable, en offrant la table et le logement à ceux qui viennent en occuper les chambres. Je ne dis pas pourtant qu'il soit un hôtel modèle, et ne veux pas me faire de querelles avec les hôtels de Mulhouse, de Strasbourg, de Paris et de Londres.

38. Je ne détaillerai donc pas ici ce qu'on y trouve et ce qui y manque. Si le lecteur ne sent pas l'importance de cette généralisation, que je présente par-

---

jusqu'à ce qu'ils la fassent.. C'est mon *Delenda est Carthago*.

tout, comme la base du progrès, mes efforts sont inutiles, et un chapitre de plus ne les rendrait pas plus efficaces.

39. Si, au contraire, ce que je crois la vérité vous paraît aussi être la vérité, si vous pensez qu'il faut porter l'ordre dans tous les détails de la vie, et généraliser le bien-être au fur et à mesure que le progrès se produit, il se trouvera dans chaque partie des hommes qui, obéissant à cette impulsion, chercheront à régulariser le hasard là où il conserve encore trop d'influence, à continuer ce qui est commencé, à compléter ce qui reste encore incomplet. Alors, considérant à part cette spécialité des hôtels garnis, si réellement importante pour leurs propriétaires et surtout pour les voyageurs, ils publieront d'abord un inventaire de tout ce qu'il faut réunir pour faire un hôtel garni modèle. Peut-être ensuite ils y ajouteront un journal mensuel ou trimestriel, qui aura bien autant de chances d'abonnement que le journal des tailleurs (si bien accrédité aujourd'hui); ils y inscriront tout ce qu'ils auraient omis d'abord, tout ce qui se présenterait de nouveau à leurs observations. Au bout de 10 ans, dans un nouveau recueil, ils refondront ce que contenaient leur inventaire et leur journal, en retranchant ce qui sera devenu inutile; ils l'enrichiront d'une bonne table des matières, et feront ainsi que leurs abonnés pour trouver tout ce qu'ils voudront d'un hôtel garni, n'auront qu'un volume à lire, ou un article à consulter.

A. E. J.

(*Extrait de l'Impartial du Doubs*, des 1er, 3 et 5 décembre.)

Besançon. — Imprimerie de Ch. Deis.

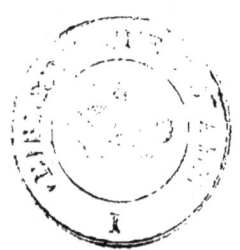

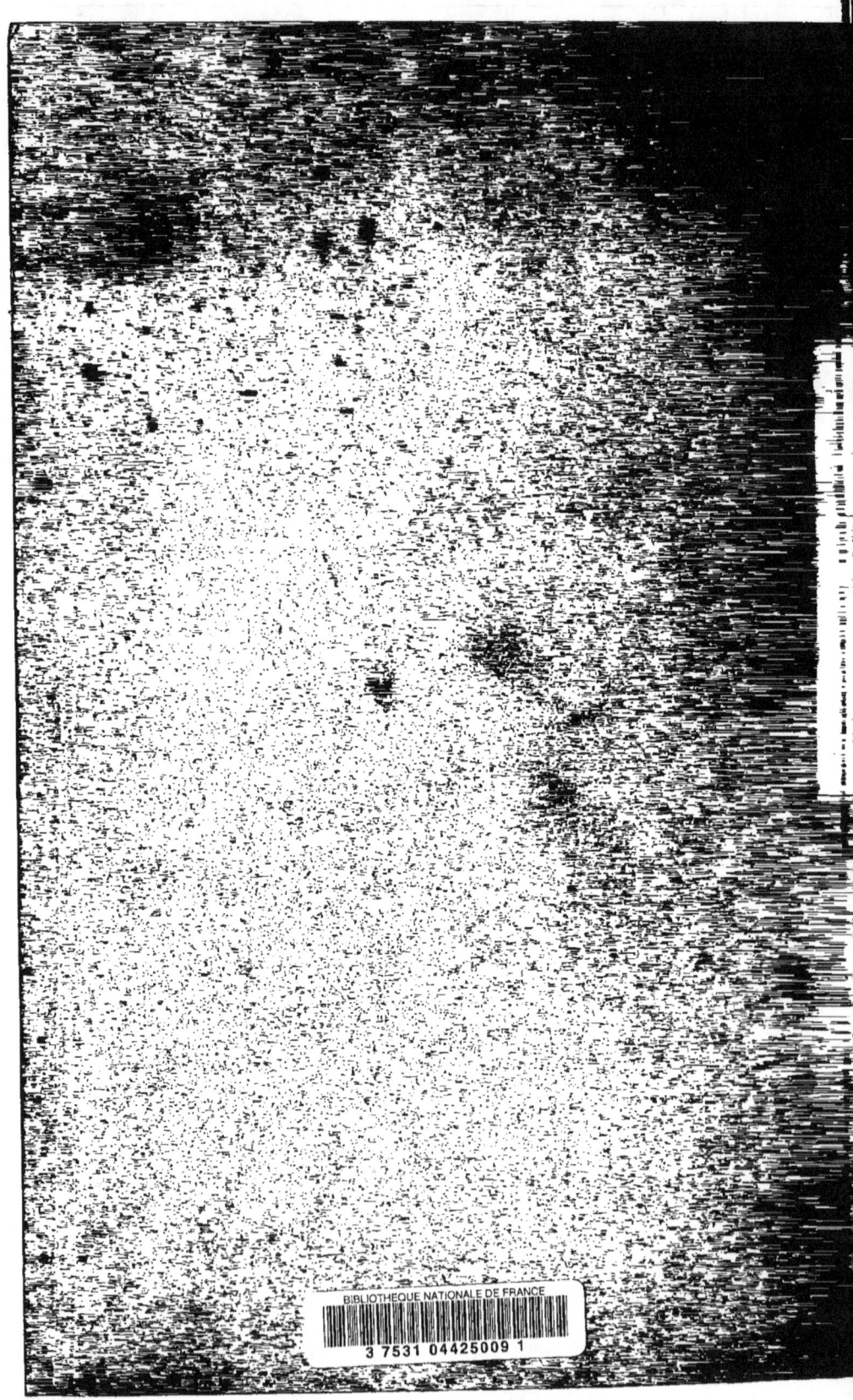

www.ingramcontent.com/pod-product-compliance
Lightning Source LLC
Chambersburg PA
CBHW060634050426
42451CB00012B/2590